Sandra Branco

O Arquiteto das casas de sonhos

Ilustrações
Carmen Thiago

Paulinas

Dados Internacionais de Catalogação na Publicação (CIP)
(Câmara Brasileira do Livro, SP, Brasil)

Branco, Sandra
O arquiteto das casas de sonhos / Sandra Branco ; ilustrações Carmen Thiago. – São Paulo : Paulinas, 2014. – (Coleção sabor amizade)

ISBN 978-85-356-3494-5

1. Literatura infantojuvenil I. Thiago, Carmen. II. Título. III. Série.

13-13843 CDD-028.5

Índices para catálogo sistemático:
1. Literatura infantil 028.5
2. Literatura infantojuvenil 028.5

Revisado conforme a nova ortografia

1ª edição – 2014
1ª reimpressão – 2018

Direção-geral: *Bernadete Boff*
Editora responsável: *Maria Goretti de Oliveira*
Assistente de edição: *Milena Patriota de Lima Andrade*
Copidesque: *Mônica Elaine G. S. da Costa*
Coordenação de revisão: *Marina Mendonça*
Revisão: *Sandra Sinzato e Ana Cecilia Mari*
Gerente de produção: *Felício Calegaro Neto*
Produção de arte: *Manuel Rebelato Miramontes*

Paulinas
Rua Dona Inácia Uchoa, 62
04110-020 – São Paulo – SP (Brasil)
Tel.: (11) 2125-3500
http://www.paulinas.com.br – editora@paulinas.com.br
Telemarketing e SAC: 0800-7010081

Dedico este livro à Amarilis.

Balili era uma menina que morava
numa casa pequenina.

Com seus olhos cor de mel, enxergava
o mundo de forma doce.

Balili sorria sorrisos coloridos
e gostava de flores.

Sua casa, embora pequenina, era cercada
por dezenas de guardas anões,
que ficavam todos de frente para a rua,
sem deixar ninguém entrar.
Só Balili e a família podiam entrar e sair.

Balili foi crescendo e a sua casa
foi ficando cada vez menor.

Seus desejos e sonhos nem
sempre cabiam na casa.

Balili pensava: “Quando eu crescer, vou construir uma casa bem grande e colocar lá todos os meus amigos e sonhos”.

Balili cresceu. Novos amigos apareceram.

Então, Balili comprou um terreno enorme e ia lá todos os dias desenhar seus sonhos na terra virgem.

E a terra virgem absorvia seus sonhos e
levava-os para a Terra das Realizações,
onde havia um arquiteto que construía
casas nascidas de sonhos.

Assim, se Balili sonhasse com uma casa amarela, o arquiteto fazia uma casa amarela.

Se Balili quisesse uma casa grande,
o arquiteto assim a construía.

Se Balili quisesse uma casa sorridente,
o arquiteto fazia uma casa que sorria.

Se Balili quisesse uma casa simpática e agradável, o arquiteto fazia: uma casa aconchegante e bonita.

Se Balili quisesse uma casa perfumada, o arquiteto a enchia de flores multicoloridas e cheirosas.

Mas Balili queria também uma casa com gente.

Acontece que o arquiteto, que tudo fazia,
não sabia fazer gente.

Então, ele marcou uma reunião com Balili.

Como Balili, que agora se chama Bali, se tornou uma moça grande e cheia de preocupações, ela demorou a se encontrar com o arquiteto, e ele acabou arquivando o projeto por falta de gente, gente como Balili.

Quando Bali percebeu que esse negócio de ser grande e importante estava ficando chato, resolveu voltar a ser Balili e marcou um encontro com o arquiteto das casas de sonhos.

O arquiteto imediatamente cancelou todos os compromissos daquele dia e desarquivou o projeto da casa amarela de Balili...
No encontro, ele explicou para Balili sobre a impossibilidade de fazer gente.

Balili então percebeu que era tarefa sua cativar amigos.

Então, o arquiteto finalmente construiu a casa e Balili encarregou-se de enchê-la de gente: gente legal, gente como Balili!